MW01230690

Mary, Tome 1 : 50 Ça se tente

Jean-Michel Boiteux

MARY

50

Ça se tente

TOME 1

Édition : BoD – Books on Demand,
12/14 rond-point des Champs Élysées, 75008 Paris
Impression : BoD – Books on Demand, Norderstedt, Allemagne

ISBN : 978-2-3222-5221-6

Dépôt légal : juin 2021

À mes amours

Dans mon pré en bulle, je bulle

Sommaire

MOI ET L'ÉCRITURE

L'écriture et la poésie m'aident à me soulager de mes affres. À cinquante ans si ça me tente ? Et vous, ça vous tente ? Moi je dis que ça se tente. L'écriture est une belle aventure.

La mère et l'enfant

Une rencontre avec l'amour, un mariage, une vie conjugale conjuguée à l'infini. Un bébé voit le jour et grandit dans notre vie. Mais l'infini est grand, plus grand que mon ventre. L'infini se finit sur une note en bémol.

L'amour
Comme un voyou
De vous je suis en phase
Ma recette d'amour
Moi vouloir toi
Raconte ton histoire
Belle de jour, belle de nuit

Le don de la vie
L'amour est une symphonie
Le don de la vie
Mon enfant

L'enfance

La mourre

Mangez

Petits, petits, petits

Enfants d'Oz

Comme l'eau de pluie se meurt

La séparation

Il ne saurait suffire

Quand je manque à ta loi

Dans tes yeux vert pâle

Sept ans

Je t'aime encore chérie

À la quête et la conquête de cons

C'est le retour de la chasse et je suis à l'affut. Très affuté mais pas très bien futé, je chasse, je pêche et ne cesse de pécher.

L'Amour de ma vie
L'amour en bouton
Alpha-Centaure-Ville
Ma langue dans sa bouche
Un peu de nous, un bref instant
Je l'aime si fort
Ton amour

Cap Sud Amour
Elle a
Cindy
Elle a ce je-ne-sais-quoi
Bienvenue
Cap sur l'amour
Veinard
Mon révolver

Jolie peau asia
Le coup de foudre…

Para
Ma perle d'orient
Je ne suis plus le même
P'tite canaille

…Le coup de tonnerre

Quoique…
Angkor

LA MORT DE L'AMOUR

« La mort d'un amour donne la vie à un autre », dit-on.
Mais après la mort de l'amour lui-même, que reste-t-il alors ?

Grains de sable émouvants
Ô Saint-Esprit
L'homme
Une goutte de soleil

MOI ET L'ÉCRITURE

50

Déjà cinquante tours autour du soleil
Que chaque jour mes yeux dévorent mon ciel
Sa foudre m'a chipé d'un coup silencieux
Comment ne pas en tomber amoureux

Encore une belle année qui commence
L'automne offre ses senteurs de romance
Après un dernier hiver rigoureux
Vais-je passer celui-ci près du feu ?

Voir à mon cinquante-et-unième printemps
Fleurir mes pensées aux gouttes du temps
Et croiser au matin frileux, avril
Pour en découvrir encore plus d'un fil

Puis laisser venir sur ma peau l'été
Courir nu sur cette plage abandonnée
Prêt à ressentir les vagues chanter
Encore une fois de plus cette année

LE POÈME BOITEUX

C'est un poème Boiteux
Mais sans être bancal
Sans besoin d'une canne
Aucun pied n'est boiteux

Je ne suis qu'un bonhomme
Hi ! My name is Boiteux
Yes ! Jean-Michel Boiteux
Qui n'espionne personne

Et si je Bond un peu
C'est un peu pour la frime
C'est un peu pour la rime
Mais je bande comme je peux

Le poème Boiteux
C'est mon style, différent
Sans être prétentieux
Plutôt indifférent
Ceux qui pensent faire mieux
Moi je pense autrement
Pouêt-pouêt, poète Boiteux

Mes rêves sont mes outils
Les mots sont ma matière
Mon guide est éphémère
Il est mon ressenti

D'où me viennent mes écrits
Que je transpose en vers ?
Mais, de tout l'univers
Ils me viennent de cris

Celui-là croyez-moi
Il ne vient pas d'ailleurs
Des esprits qui me leurrent
Il est bien de chez moi

RIEN NE VA PLUS

Je suis né dans le bouchon de Champagne
Hors de ma bulle pétillait la campagne
Ma vie prit son temps de vivre en douceur
Un demi-siècle plus ou moins de bonheur
Aujourd'hui j'en expose mon intérieur

J'emplume ma vie des femmes les plus jolies
J'emplis mon lit de souvenirs de folies
Je dévore le temps quand j'en ai le temps
J'attends le vent pour m'enrouler dedans
Son souffle m'appelle, je me sens vivant

Ma vie défile et file après demain
Je brule le temps comme on prend le train
Je cours, je cours, et cours toujours plus vite
Je fuis le présent alors qu'il m'invite
Je l'évite, ça m'excite et je lévite

Je me joue de lui mais rien ne va plus
Personne ne rattrape le temps perdu

Poème

Je suis le vers solitaire

PAGE BLANCHE, NAPPAGE CHOCOLAT

Quelle est cette barrière
Qui bloque mes pensées
Pourquoi cette muselière
M'empêche de parler

M'empêche de dire les mots
Qui trottent dans ma tête
Qui courent dans mon cerveau
Qui sautent et font la fête

Migraine vient me gagner
Mylène ne veut partir
Mais comment la chasser
Je ne sais que maudire

Ma bouche restant muette
Emprisonnant colère
Ne laissant vibrer luette
Pas de paroles en l'air

Un rocher chocolat
Au bout des lèvres languit
Rien n'est trop bon pour moi
Et ma langue se délie

Surprise, les paroles fusent
Jaillissent sur le papier
L'encre du stylo diffuse
Accouche de mes idées

Le chocolat ravi
Fond d'entendre mon bonheur
Coule et comble mes envies
Calme mon mal de cœur

Merci choco, t'es bon
T'es beau, t'es tendrement
Craquant, c'est pas bidon
Mes maux fondent, je le sens

J'aspire à d'autres jeux
Sans aspirine aucune
Comme glisser au pieu
Entre croissants de Lune

ÉCRITS LUXURIANTS ET LUXURIEUX

Quand la poésie s'exprime
Elle le dit avec ses mots
Puis une guitare en prime
Elle en chante de très beaux

Pour parler d'une voie sublime
Où cheminent les pensées
Où le gouffre sombre abime
Les âmes et les cœurs froissés

Elle flamboie de sa verve
Rythmant le vers de ses pieds
Tout en jonglant sur le verbe
Des sujets appropriés

Pour parler d'amours pluvieuses
Dans un langage luxuriant
Elle embrasse des rimes fructueuses
Pour parler de thèmes légers
Dans un langage luxurieux
Elle jouit de pieds bien léchés

Des tiroirs jaillissent des mots
Rangés entre de beaux linges
Puis des vers subliminaux
Nous transpercent les méninges

La poésie est un hymne
À la langue de son pays
Elle prose avec ou sans rimes
S'impose avec ou sans bruit

Pour noircir les pages blanches
Et blanchir les âmes noires
La poésie du dimanche
Invoque même l'espoir

ÉCOUTEZ LE SENS ET LES SONS

Je croque les mots comme on croque la peinture
Je suis gourmand mais c'est ma nourriture
On paie le prix si c'est de bonne facture
C'est ma culture

Pas de fioritures dans mon écriture
Je ne fais pas dans la littérature
Les seules créatures dans mes aventures
Sont de belles plantes en mésaventure
C'est ma nature

Écoutez le sens et les sons
Laissons, laissons vivre nos chansons
Laissez-moi vivre de ma passion
De mes mots, de mes compositions

Je construis mes notes avec des ratures
Et dans un shaker, j'en fais une mixture
Puis je la balance sur une tablature
C'est ma culture

Les mots, je les regarde, je les triture
Je les décompose de leur structure
Puis les recompose sous la ceinture
Quand parfois j'entrevois une ouverture
C'est ma nature

Écoutez le sens et les sons
Laissons, laissons vivre nos chansons
Laissez-moi vivre de ma passion
De mes mots, de mes compositions

Je croque les mots comme on croque la peinture
Je fais parfois dans la caricature
Quand je dépeins les seins de vergetures
La chevelure reste de ma mouture
Ma signature

NARCISCO-POÉTIQUE

Tu cuisines de bons petits plats
Que tu savoures à même la poêle
Pas de chichis ni de blabla
Mais tu veux nous mettre les poils
Et rayonner comme une étoile

Tu choisis ta famille pour test
Intrigué par ce qu'elle en pense
Qu'elle aime ou même qu'elle déteste
Mais si elle s'en gave la panse
Bah tu te fiches des dépenses

À l'écoute des critiques
Méga psychologiques
L'art d'égo dans les trippes
Narcisco-poétique

Ton égotisme avoué
Comme tu es surdoué !

Moi, je concocte de grands textes
M'isole et cisèle les mots
Certains parfois restent perplexes
Bouche bée de les voir si beaux
Mais serais-je un brin mégalo ?

J'ai ma famille comme cobaye
Qui à chacune de mes lectures
M'écoute, écoute, jamais ne baille
Mais me censure sous la ceinture
Quand parfois je deviens trop dur

À l'écoute des critiques
Méga psychologiques
L'art d'égo dans les trippes
Narcisco-poétique

Mon égotisme avoué
Comme je suis surdoué !

C'est bien salé d'un trait sucré
Avec un zeste d'indécence
Oui nos bébés sont relevés
Du savoir-faire made in France
Du doigté et de la romance

Que l'on soit un cuistot en soi
Ou bien un poète d'un soir
Ce qui nous élève parfois
Sont des idées pas des espoirs
Décidées d'un rêve de gloire

AMOURS ET LUXURE

LA MÈRE ET L'ENFANT

L'Amour

COMME UN VOYOU

Je ne vois que vous j'ai
Joué comme un voyou
Je ne vois que vous mais
À présent j'me vois you

Je ne vois que vous je
N'ai que vous dans mon cœur
Qui palpite et bouge
N'est-ce pas ça le bonheur ?

Je me vois vous
Comme un voyeur
Je me vois you
J'me vois ailleurs

Mais avec vous
Comme un voyeur
J'me voue à you
J'me voue ailleurs

J'me voue à vous
Comme un voyeur
Comme un voyou
Je fourre voyeur

Like you (3x)
And I love you

J'avoue, vous êtes gravées
Au fond de ma mémoire
Au fond de mes pensées
Je ne cesse de vous voir

De voir vos doux yeux verts
Comme dans « Ce rêve bleu »
Quand je fredonne ces vers
Je rêve d'une vie à deux

Je vous vois you
Je suis voyeur
Je suis voyou
Partout d'ailleurs

J'me voue à vous
J'avoue mon cœur
Je vous avoue
Je suis voyeur

Je suis à vous
À tout à l'heure
Je serai pour vous
L'atout majeur

Like you (3x)
And I love you

Je suis à vous
Je suis à cœur
D'être pour vous
L'être vainqueur

Like you (3x)
And I love you

DE VOUS JE SUIS EN PHASE

Gang bang dans mon vocabulaire
D'une langue se devant d'être sincère
J'poétise mon ordinateur
J'humanise son for intérieur
J'numérise des bits de bonheur
J'verbalise et percute son cœur
Bang bang comme le son du tonnerre
D'une langue du style chère à Molière

Je tape, tape sur mon clavier
C'est ma façon de m'exprimer
Pour m'inventer une vie plus gaie
Parfois j'en perds mon alphabet
Ainsi défilent les mots français
Par petites touches font de l'effet
J'en tape, tape des milliers
Je donne un sens à mes idées

Faut garder l'choix d'ses idéaux
Par des jeux d'mots pas trop idiots
Pas d'mots faciles que l'on usite
Si vite, qu'ils s'évaporent d'un pschitt
Mais juste quelques lignes de textes
Qui vont me servir de prétexte
Pour vous dire par cette périphrase
Combien de vous je suis en phase

Je frappe, frappe sur mon clavier
Je swingue comme un pianiste enjoué
Et quand je m'enfouis en mémo
Les mots jaillissent de mon cerveau
Ainsi je m'enfuis mot à mot
Puis je me glisse sous le bureau
Comme l'artiste trop fatigué
À frapper ses touches de clavier

Alors se jettent sur le papier
Ces mots évadés d'mes pensées
Et bien que je rêve de merveilles
Les feuilles sortent sans pareil
Mortes de peur que j'me réveille
S'impriment pendant que je sommeille
Seule voie que mes mots ont décelée
Pour caresser vos p'tits papiers

Les feuilles sortent à la pelle
L'appel de vous qui m'interpelle
Les feuilles sortent et puis s'amassent
En attendant qu'on les ramasse
L'issue d'où mes mots doux sont nés
Vient vous effleurer l'bout du nez
Comment dire combien je soupire
Je peux enfin voir l'avenir

MA RECETTE D'AMOUR

Un suprême de crème pour qu'elle me surprenne
Pour qu'elle dise d'elle-même qu'elle m'aime d'amour
Un diadème d'M pour enlever sa peine
Pour lui dire « Je t'aime » et lui dire toujours

Pour dire mes mots doux partout tous les jours
Je jette dans ses yeux mon regard de feu
Dans mes nuits blanches je voudrais son amour
Mais elle verse une larme qui me noie de peu

Je pose sur son cou quelques baisers doux
Baisers langoureux et petits câlins
Mais dans ses yeux flous je me vois comme fou
Je glisse sur ses reins une ou bien deux mains

Fort surprise, elle me lance un « Non, pas vous !?!»
Et sur ses seins, je verrai bien demain
Faudra bien un jour que je lui avoue
Rêver d'elle en dessous, sous ses satins

Ma recette d'amour afin que même
Notre amour ne soit plus que du plaisir
Ce poème pour l'entendre dire « Je t'aime »
Que je parsème de poudre de désir

MOI VOULOIR TOI

Vouloir est-il synonyme de pouvoir
Quand dans ce verbe je n'y vois que l'espoir ?
Vouloir dans tes bras prolonger la nuit... Espoir
Vouloir et ne pas pouvoir... Désespoir
Vouloir dans tes bras le petit matin... Jusqu'au soir
Pouvoir sans jamais vouloir... Va savoir

J'aurais voulu, je n'ai pu
Je ne peux t'en vouloir
T'as senti ce pouvoir
Tu as fui, t'as voulu
Préserver notre histoire
Et remettre à plus tard
Juste le temps de voir

Vouloir sans pouvoir
Pouvoir s'en vouloir
Vouloir sent pouvoir
Vouloir n'est pas pouvoir

RACONTE TON HISTOIRE

J'me fous d'tes idées noires
Je ne suis pas raciste
Raconte-moi ton histoire
T'oublieras qu'elle est triste

Sors-la de ta mémoire
Dessine-la par des mots
Puis joue-la l'air d'y croire
Couche-la sur le piano

Chante ta mélancolie
Ton chagrin et tes maux
Siffle ta mélodie
Que j'la garde dans ma peau

Je me fous qu'elle soit triste
Si elle parle de ta vie
Qu'elle raconte, l'artiste,
Ta passion, tes envies

Raconte ton histoire
Emplie de poésie
Raconte ton histoire
Même nourrie d'insomnies
De rêves ou de cauchemars
Puis souris à la vie
Raconte-moi histoire
De rire de ta folie

Tout le monde est un peu
L'artiste de sa vie
Quand on dit « J't'aime un peu
Même jusqu'à la folie »

C'est « Marguerite » des chants
De Brassens au couvent
De Saez à trente printemps
C'est aussi émouvant

Que celle de Cocciante
Et même si elle est chiante
La marguerite qu'on chante
C'est parce qu'elle est vivante

C'est la p'tite fleur des prés
La pâquerette des champs
Et puis c'est tout l'été
Qu'on fredonnait enfant

Raconte ton histoire
Emplie de poésie
Raconte ton histoire
Même nourrie d'insomnies
De rêves ou de cauchemars
Puis souris à la vie
Raconte-moi histoire
De rire de ta folie

Comme un « Aïe love you »
De Zazie « Un peu beaucoup »
Mais je n'veux pas du tout
Effeuiller « pas du tout »

Je veux passionnément
T'aimer à la folie
Comme un fou simplement
T'effeuiller sur mon lit

Raconte ton histoire
Emplie de poésie
Raconte ton histoire
Même nourrie d'insomnies
De rêves ou de cauchemars
Puis souris à la vie
Raconte-moi histoire
De rire de ta folie

Raconte ton histoire
Emplie de poésie
Raconte ton histoire
Histoire de voir où ça nous mène
Raconte-moi l'histoire même
Si c'est histoire de m'dire « Je t'aime »

BELLE-DE-JOUR, BELLE-DE-NUIT

Je chiperai ton cœur par l'humour
Comme on cueille une belle-de-jour
Je bousculerai tes interdits
Pour te cueillir à minuit
Comme on cueille une belle-de-nuit

Je t'arroserai de la vie
Composerai ton paradis
Rien que pour toi mon bel amour
Toi la seule femme que je savoure
Toi ma folle maladie d'amour

Je ne te ferai jamais de peine
Je planterai ma petite graine
Je l'arroserai nuit et jour
Je l'inonderai de mon amour
Encore et encore comme toujours

Je sèmerai ma petite graine
Et tu en prendras de la graine
Nous la regarderons germer
Nous la regarderons pousser
Alors fleuriront nos pensées

Pensées du jour une fois nées
Idées sur l'air de liberté
Voulant s'extirper de leur cage
En jaillissant sur le rivage
D'une page blanche un soir d'orage

Le jour viendra où sans humour
Tu gonfleras de mon amour
Gourmande amante comme toujours…

De jour en jour sans préavis
Dans le mystère de nos envies
Tu donneras naissance… à la vie

Le don de la vie

L'AMOUR EST UNE SYMPHONIE

Mes murmures viennent te toucher
Comme les caresses viennent s'exprimer
L'amour bien fait, de doigts de fée
Sur ta peau te fait frissonner

L'amour est une symphonie
Au métronome ton cœur exulte
Ta vertu explose dans ton lit
Comme la cinquième devenue culte

Avec patience passion te gagne
L'envie te crève tes nuits de rêves
Pour qu'un garçon vienne et t'empoigne
Désir de sève pour qu'il t'achève

L'amour est une symphonie
De plus en plus ton corps s'exalte
Tes gémissements deviennent cris
Pour t'endormir dans de la ouate

Une symphonique de printemps
Donne des couleurs à ton passé
Et réveille le cours du temps
En t'offrant l'avenir rêvé

Neuf mois plus tard, c'est le plus beau
De tout ce que l'on imagine
Des gouttes ruissèlent sur ta peau
Et ton visage s'illumine

LE DON DE LA VIE

J'ai le teint blafard, bien pâle… livide
Je m'étale comme du métal… liquide
À cette heure, c'est normal, après une nuit
Bien agitée, comblée de râles, de cris

Amoureuse encore de mon corps à tort
Langoureuse à mort te languis très fort
Ta langue s'est glissée sous mon nez pas laid
Tes baisers mouillés dansent au palais

Je me lève et m'élève sur Mont Vénus
Je gravis le sommet, lequel je suce
Site ô combien sensible le matin
Puisque l'érection te vient en chemin

Je laisse à dessein se dresser tes seins
Je laisse au destin le dessein des saints
Des saintes et puis des sains d'esprit
Le dessin de tes seins au Saint-Esprit

Las hélas, je me réjouis de cette nuit
Car c'est en jouissant pour donner la vie
Au fond de ton puits épuisé d'amour
Que je te chante mes mots doux, comme toujours

T'as le teint blafard, bien pâle… livide
Tu t'étales comme du métal… liquide
C'est normal, en neuf mois et cette nuit
La vie donne un autre sens à ces cris

MON ENFANT

Y a pas plus sot qu'un p'tiot
Plus idiot qu'un loupiot
Plus nigaud qu'un minot
Plus ballot qu'un marmot

Plus crétin qu'un gamin
Plus commun qu'un bambin
Plus vain qu'un galopin
Plus rien qu'un diablotin

Il n'y a pas plus nounouille
Qu'une fripouille

Y a pas plus poire qu'un chiard
Plus ignare qu'un p'tit gnard
Plus tocard qu'un moutard
Plus en retard qu'un poupard

Plus cruchon qu'un poupon
Plus dindon qu'un moucheron
Plus bidon qu'un fripon
Plus brouillon qu'un lardon

Il n'y a pas plus cul-cul
Qu'un trou d'cul

Plus couillon qu'un morpion
Plus con qu'un rejeton
Plus fion qu'un nourrisson
Plus pion qu'un polisson

Plus laid qu'un nouveau-né
Plus casse-pieds qu'un bébé
Plus chié qu'un héritier
Plumé qui veut téter

Il n'y a pas plus creux
Qu'une tête de nœud

Plus simplet qu'un mouflet
Plus benêt qu'un jeunet
Plus niais qu'un blondinet
Plus boulet qu'un cadet

Plus canaille qu'la marmaille
Plus racaille qu'une bleusaille
Plus gnome qu'un môme qui braille
Plus atroce quand l'gosse piaille

Il n'y a pas plus bœufs
Que deux morveux

Plus garou qu'un p'tit loup
Plus d'atouts dans l'filou
Plus relou qu'un loulou
Plus balourd qu'un p'tit bout

Non, il n'y a pas plus cloche
Qu'un mioche

Mais y a pas mieux qu'le mien
Plus beau, plus malin
Plus fort et plus fin
Que mon gamin
Chérubin

Et il n'y a pas plus…
Câlin, plein d'bisous
Plus tendre et plus doux
Que mon bout' chou
Mon chouchou

Puis il n'y a pas plus …
Mignon, plus trognon
Plus fruit d'la passion
Que mon garçon
Mon fiston

Non, il n'y a pas plus…
Plus intelligent
Plus adroit, plus grand
Que mon enfant
Mon enfant

L'enfance

LA MOURRE

Quand ils jouent à la mourre
Moi je compte les points
Je ne sais pas toujours
Quand ils tendront la main

Sans compter les défaites
Je compte sur mes mains
Leurs doigts tendus en fait
Combien ils ont de points

Comme c'est top le jeu de la mourre
C'est tip top d'y jouer un instant
À la récré, quand d'autres enfants
Courent dans la cour après l'amour
Nous, on compte les points, très contents
C'est bien plus, bien plus excitant

À l'école c'est la classe
On sort nos mains des poches
On compte, c'est efficace
Sur nos doigts, c'est fastoche

Rien n'empêche dans la cour
De se compter fleurette
Tout en faisant la mourre
Un jeu qui prend la tête

Comme c'est top le jeu de la mourre
C'est tip top d'y jouer un instant
À la récré, quand d'autres enfants
Courent dans la cour après l'amour
Nous, on compte les points, très contents
C'est bien plus, bien plus excitant

Les enfants savent mieux que les adultes
Comme c'est chouette de jouer à la mourre

MANGEZ

Mangez du poisson seulement pour savoir nager
Mangez le poisson-chat pour l'entendre miauler
Mangez les oiseaux pour vite vous envoler
Mangez la pie chipie mais sans vous faire chiper

Mangez les radis pour en avoir tout le temps
Mangez les orties pour avoir plus de piquant
Mangez les tomates pour nous faire rougir d'envie
Mangez les p'tits enfants pour plus d'espièglerie

Mangez, mangez, mangez, mais sans boire mes déboires
Mangez mes vers pour écrire vos plus belles histoires
Mangez-les sans faim pour ne pas mourir… de fin

PETITS, PETITS, PETITS

Si un ogre vous croquait vos chers chérubins
Vos bébés d'à peine sept mois pour combler sa faim
Garniriez-vous votre table d'épaule d'agneau
De tranches de cochonnet, de chapon, de perdreau

De la chair fraiche, de la chair tendre, un bon festin
De la bonne viande, qui vaut le veau, comme vos bambins
De la barbaque, du sang, du sang, sans sentiments
Tel un vampire qui mordrait le cou des enfants

De vos enfants, quel monstre infâme, jusqu'à plus faim
Qui de ses crocs, briserait les os de vos gamins
Qui sans remord, à pleines dents mordrait la vie
De vos petites, de vos bouts de choux, sans merci

Mangeriez-vous encore de petits êtres demain
Si le sort des vôtres commençait par la fin
Ou bien humains de plus en plus vous laisseriez
Sur votre chagrin les tendres agneaux passer ?

ENFANTS D'OZ

Enfants d'Oz
Osez aut'chose
De vos p'tits pieds
Osez chanter
De douces proses
Pour dire aut'chose

Poésies, chan-
-Tez mentholé
Vert mais vraiment
Cent vers censés
Mais sans verser
De vos larmes sur vos pieds

Pour sublimer le texte
Mettez en forme le fond
Écrivez sans complexe
Les émois du tréfonds

Enfants d'Oz
Osez aut'chose
De vos p'tits pieds
Osez danser
Sans prendre pause
Pour faire aut'chose

Du blues, du rock-
-N'roll pas drôle
Du jazz, du folk
Mouvant, tournant
Move en mouvements
Émouvants, tourments violents

Pour éclaircir la voix
Le chemin tout tracé
Changez l'sens à mi, voy-
-ez vous y arrivez

Enfants d'Oz
Osez oser aut'chose
De vos p'tits pieds
Osez chanter
Osez, Osez
Embraser les mots entiers

Enfants d'Oz
Osez oser aut'chose
De vos p'tits pieds
Osez danser
Olé, olé
Embrassez le monde entier

COMME L'EAU DE PLUIE SE MEURT

Ciel de velours dans un gris matelassé
Brume sur le toit d'une maison de l'avenue
Une pluie cinglante court sur les tuiles cassées
Glisse par la gouttière pour arroser les rues

S'épuisant sur le pavé qu'elle vient laver
Elle poursuit sa course à travers les égouts
Où elle sombre de sommeil et vient se coucher
Après tous les dangers de tous ces remous

Alors dors, dors l'eau douce
Dors, dors et ne glousse
Alors dors, comme la mousse
Dors, dors et n'éclabousse

Le lit d'une rivière au fond de la vallée
Qu'elle vient grossir comme on enfante une femme
Engendre un torrent violent de nouveau-nés
Un flux de vacarme, une multitude de larmes

Ces rapides s'enfuient alors des rochers
Limpide suicide, viennent mourir dans la mer
Refoulés ainsi des hautes immensités
S'évaporent dans les cieux pour accueillir leur mère

Allons, dors comme l'eau douce
Comme l'eau de pluie se meurt
Dors, dors, mon petit mousse
Dors, dors et n'aie plus peur

La séparation

IL NE SAURAIT SUFFIRE

Comme une vague qui lèche les remparts de Saint-Malo
D'un revers de langue rêche tu me lèches le ciboulot
Sous la vision de tes pêches qui m'empêchent le repos
Tu fais enflammer ma mèche et le désir de ta peau
Comme une flammèche étincelle au-dessus d'un beau gâteau
Tu viens piquer mon sommeil de ta chaleur en cadeau
Prise dans ce matin fiévreux et caressant notre histoire
Tu fais dresser de tes yeux mon corps dans toute sa gloire

Comme un printemps languissant de réchauffer ton absence
Tu fais dégeler mon sang et crépiter tous mes sens
Comme une lune floutée que tu voudrais me cacher
Sous un bras de voie lactée dissimulant le péché
Entre ces deux hémisphères impatients en leur milieu
Je viens gouter au mystère des joies de la vie à deux
Prise dans ce matin fiévreux et caressant notre histoire
Tu me découvres orgueilleux, remportant une victoire

Comme un message du ciel ondulant sur l'atmosphère
Venant bercer d'irréel le monde qui vit sur Terre
Je n'aurais imaginé être encore à tes côtés
Après toutes ces années et m'entendre t'écouter
Du silence d'un sourire, me dire quels sont tes désirs
Où te mène le plaisir et qu'il ne saurait suffire
Prise dans ce matin fiévreux et caressant notre histoire
Tu fais dresser de tes yeux mon corps dans toute sa gloire

Comme une vague qui lèche les remparts de Saint-Malo
D'un revers de langue rêche tu me lèches le ciboulot
Au silence de ton sourire je te mène jusqu'au plaisir
Même s'il ne saurait suffire

QUAND JE MANQUE À TA LOI

Je sens bien que tes sens
Sont en éveil pour moi
Éprise à contresens
Collée tout contre moi
Ton cœur balance, balance
Lorsqu'il vire à l'émoi

Tes sens sont en éveil
Quand je manque à ta loi
Pour que je t'émerveille
Chérie, ranime-moi

Je sens bien que tes sens
Sont en éveil pour moi
Toute ta magnificence
Sur mon être aux abois
Me laisse dans l'ignorance
Le doute subsiste en moi

Tes sens sont en éveil
Quand je manque à ta loi
Tu te pares de soleil
Pour éclairer ma voie

Je sens bien que tes sens
Sont en éveil pour moi
Oh j'en sais l'indécence
Je dois fuir loin de toi
Quand mon sixième sens
Dit se méfier de toi

Tes sens sont en éveil
Quand je manque à ta loi
Mes sens me réveillent
Et je fuis loin de toi

SEPT ANS

Sept ans, c'est le tournant,
C'est les tourments du temps
L'amour s'estompe un jour
Et l'histoire tourne court

On souhaiterait faire durer
Ces instants routiniers
Rien n'échappe au destin
Quand vient la fin, c'est la fin

Cassé, c'est cassé
En sept ans de malheurs
On recolle les morceaux
On cherche le bonheur
Dans des vers moins fragiles
Dans des vers inclassables
On devient moins débiles
Ça reste insupportable

Régler nos différends
Panser nos sentiments
Le temps de faire une pause
Avant que l'on s'oppose

On trépigne d'impatience
Puis l'on se fait souffrance
Se résoudre au destin
Quand vient la fin, c'est la fin

Sept ans, c'est du passé
Mais pas très bien passé
Et la mélancolie
S'est blottie dans ton lit

Quelques assiettes cassées
Et puis tout s'est cassé
Oh l'amour laisse une trace
Puis à un autre, la place

Cassé, c'est cassé
En sept ans de malheurs
On recolle les morceaux
On cherche le bonheur
Et rien que le bonheur
Sans parler de malheur
Au diable les douleurs
L'amitié sonne l'heure

DANS TES YEUX VERT PÂLE

Au clair de tes yeux
Je n'ai pas changé
Et toujours tes feux
Me font m'incendier

Couleur de l'espoir
Couleur du bonheur
Ton vert illusoire
Abreuve mon cœur

Je m'étais plongé
Dans ce monde radieux
Sans vraiment songer
À regarder mieux

Le temps est passé
Plus vite que les heures
Sans y décrypter
Le fond de ton cœur

Ce n'est pas de l'or
Que te vient la fièvre
Ni même de ton corps
Mais de tes yeux mièvres

Ce n'est pas de l'or
Mais de l'argent sale
Qui coule sur les bords
De tes yeux vert pâle

Au fond de tes yeux
J'ai vu ta vue muer
À cent mille lieues
J'en suis resté muet

Puisqu'au plus profond
Coule une couleur
En tache de fond
Une sombre pâleur

Une lueur naguère
Nageait en surface
Ne reste plus guère
Qu'une vision fugace

Car dans ton regard
Que louaient mes yeux noirs
Une couleur dollar
A éteint l'espoir

L'abysse de tes yeux
Habite en abyme
Un gouffre véreux
Où tu t'y abimes

Ton radeau dérive
Je suis médusé
L'âme de fond arrive
Te fait chavirer

À force de puiser
Tout devient limpide
Avouant épuisée
Aimer le liquide

Une soif de l'or
Mais en billets verts
Noyée dans l'essor
De ton univers

Qui est-ce, cupidon
Ou ta libido
Qui fait les fonds
De tes yeux vert d'eau ?

Non, pas cupidon
Mais cupidité
Qui fait ta passion
En réalité

Les yeux dans les yeux
Nous donnant le change
Nous fîmes du mieux
Pour nous perdre au change

La cloche de Wall Street
Se mit à tinter
Je rêvai gros titres
Millions par milliers

Le son de clochette
Changea pour clocher
Ding dong la sonnette
Quelle cloche j'ai été

Depuis le bourdon
Fait un gros potin
Et j'ai le bourdon
D'ouïr tous les potins

Ce n'est pas de l'or
Que me vient la fièvre
Peut-être de ton corps
Sûr, de mes yeux mièvres

Ce n'est pas de l'or
Mais de l'argent sale
Qui coule sur les bords
De mes yeux d'eau pâle

Un temps à mes yeux
Ce n'était plus rien
De la poudre aux yeux
Un souvenir lointain

Voulant émerger
Flotter en surface
Il fallut lutter
D'une telle audace

Voulant faire en somme
Comme tous ces vautours
Un matelas de somme
De billets velours

Devant le miroir
En vision de glace
Avide de pouvoir
Serais-je un rapace

Ce n'est pas bidon
Si nos libidos
Mouraient pour de bon
Sans jeux sévères d'O

Si ce Cupidon
Par cupidité
Faisait sa passion
De ce jeu de blé

Serait-ce de l'or
Ou de l'argent sale
Qui coulerait au bord
De nos joues si pâles

JE T'AIME ENCORE CHÉRIE

Penchée sur le lave-linge
Récupérant ton linge
Tu n'imaginais pas
Ta minette aux éclats

Et moi qui te lorgnais
Ma langue languissait
Bavait d'envie de toi
J'm'en faisais du cinéma

J'm'imaginais te prendre
Te bousculer, te fendre
Je me voyais déjà
Vivement pleurer en toi

Dans une onde de désir
T'inondant de plaisir
Comme on jouit de la vie
Je t'aime encore chérie

Oh c'est plus fort que moi
J'y peux rien c'est comme ça
Si j'te rêve dans mon lit
Je t'aime encore chérie

Mais la porte est bien close
Fini le temps des roses
Mes souvenirs s'effacent
Les regrets les remplacent

La vie devient morose
Quand naissent les névroses
J'en oublie peu à peu
Le temps des amoureux

Il me reste quelques flashs
Comme des coups de cravache
Qui me ramènent toujours
À notre histoire d'amour

À LA QUÊTE ET LA CONQUÊTE DE CONS

L'Am♥ur de ma vie

L'AMOUR EN BOUTON

À la belle saison
Les longues tiges bourgeonnent
La sève fait l'ascension
Nature prend c'qu'on lui donne

À la belle saison
Les belles plantes s'épanouissent
Les fleurs sont en boutons
Puis ces belles rougissent

Au jour de floraison
Dans cette robe verte eau
Te voir à l'horizon
Un peu comme un cadeau

Sous ta robe fendue
Je devine tes formes nues
La soie du Mont Vénus
Ton gazon d'herbe drue

Ton buisson très épais
Ton ardente forêt
Petit jardin secret
Que tu cultives à souhait

Quand je te conte fleurette
Ta corole de pétales
S'ouvre sur mes mirettes
Dans un triangle floral

Telle l'étoffe calicot
D'où sort ton abricot
Fruit gorgé de sirop
De nectar, de vie d'eau

Et toi dahlia gitane
Sans gêne tu te pavanes
Exhibant ton organe
Aux pèlerins de Havane

Mais pourquoi résister
Au fruit tant défendu
Il tombe à point nommé
Pour le croquer tout cru

Ton ovaire est supère
Pourrais-je le satisfaire ?
Ton pistil a du style
Puisse-t-il être érectile !

Soleil sur ton calice
Voilé de calicule
Effeuille ta fleur de Lys
Érige mon pédoncule

Tes petites mains agiles
Flânent sous ton nombril
Te caressent le pénil
T'es déjà sur le gril

Pile poil, très érectile
Comme l'est ma mine, virile
Je stigmatise pistil
Et je vise dans le mille

D'un rameau, je me glisse
Dans ton fourreau, très sage
Dans une vague de supplices
Tu t'accroches aux ramages

Je plante dans ta prairie
Mon sapin centenaire
Un arbre plein de vie
Qui sait bien conifère

En ouvrant l'étamine
Le pollen est dans l'air
Fructifie les voisines
Le vent devient prospère

Le temps d'un délice
Voile de larmes d'ondines
Sur ta fleur, ton calice
Que le vent d'aout dandine

Une violette qu'on arrose
En lâchant la pression
N'est plus en fleur, si j'ose
J'ose presser le bouton

Ce fruit dégorge d'eau
De vit tel un sirop
De corps d'homme, d'histoire d'O
D'écume, de lait coco

Tu nages en plein bonheur
Dans les essences rances
Tu baignes dans la moiteur
La fragrance des semences

Ton ovaire est supère
Tu peux en être fière
Ton pistil a du style
Puisqu'il est érectile

Groseilles pour en-cas, lisses
Voilées de canicule
Effleurées par tes lips
Si douces qu'elles gesticulent

À la morne saison
Des dicotylédones
Sève coule à reculons
Nature reprend sa donne

À la morne saison
Les pétales jaunissent
Débranchent, sous vents s'en vont
Les plantes s'enlaidissent

Tu végètes en légume
D'une langueur monotone
Te ramenant l'écume
Sombre d'amers automnes

Vers l'ennemi sanglot long
Où là, tu t'abandonnes
D'artifice, de boisson
Le vice où tu t'adonnes

À perdre la raison
Tu t'imbibes d'alcool
Ce putain de poison
Pourvu que tu décolles

Fuyant tous les miroirs
Et puis ce teint blafard
Ces horribles cafards
Cachés dans tes tiroirs

Alors tu sors le soir
Tu sors de ton terroir
Transformée en cougar
Refus du désespoir

Le temps ne peut durer
Un éternel hiver
Ta robe de l'an dernier
Fera très bien l'affaire

T'arbores ton beau sourire
Te pares de belles parures
Venant défier sans rire
Ces « flowers » immatures

Ton ovaire est supère
Je pourrais l'arranger
Ton pistil est du style
À me stigmatiser

Le vent sur un caprice
Voilé d'une ondée fine
Souffle la brise du vice
Aux anthères d'étamines

À la défloraison
S'ensuit l'oubli des fanes
Puis la germination
S'égraine au temps qui flâne

À la défloraison
Les arbres s'enracinent
Attendent la belle saison
Attendent la fleur taquine

J'attends ma chère Garance
Mon herbe aux anges, magique
Sa levée de dormance
J'attends l'archangélique

Ma plante aromatique
Même si elle est éphémère
Comme toutes les botaniques
Même si elle n'est que chimère

Ou même soporifique
Qu'elle distille sa liqueur
De manière sporadique
Elle me titille le cœur

Heureux quand vient ton tour
Mais triste quand tu t'enfuis
Ma belle, belle de jour
En belle, belle de nuit

J'aimerais que l'on bionique
Je suis à la biomasse
De toi, biocénotique
Sur biosphère biplace

J'aimerais que l'on « selfise »
Que l'on photosynthèse
Puis que l'on synthétise
Que l'on se biogenèse

Faut que j'me biométrise
Faut que je « self-control »
Car je me biologise
Même si je me mariole

J'aimerais que l'on symbiose
Puis que l'on se mariole
Poétiser la chose
Signer de mon pétiole

Sans queue, la fleur s'étiole

ALPHA-CENTAURE-VILLE

Idéale idylle
Sous l'abri des halles
Mon idole y deale
Des poussières d'étoiles
D'une lumière gracile
De lune de cristal
Contre un jus subtil
Idée idéale
Un parfum docile
Fragile en avril

Alpha-Centaure-Ville
Système sidéral
Vent solaire, seule ile
Idem à l'Oural
Polaire si hostile
Je ventile, ventile, ventile

D'une lumière gracile
De lune de cristal
Sur ma joue jubile
Glisse et met les voiles
Un parfum tactile
Me couvre en avril

Idéale idylle
Idée idéale
Contre un jus tu deales
Ta lune de cristal
Ton parfum docile
Réchauffe en avril

Alpha-Centaure-Ville
Système sidéral
Vent solaire, seule ile
Idem à l'Oural
Polaire si hostile
Je ventile, ventile, ventile

Contre un jus tu deales
Ta lune de cristal
J'en bois, te disent-ils
Idylle idéale
Je distille, idylle
Idéale idylle

MA LANGUE DANS SA BOUCHE

Quand je la regarde de mes yeux écarquillés
Les siens me fixent comme ceux d'un poisson pané
Oh, comme elle aimerait bien me mordre les prunelles
Pour l'avoir regardée de travers, mademoiselle
Il est vrai qu'elle déploie un joli matériel
Mais ce que je lorgne en elle est bien plus cruel
J'aimerais simplement vivre dans l'air qu'elle expire
Lui donner le meilleur et qu'elle me laisse le pire

On me l'a déjà dit cent fois, qu'il faut tourner au moins sept fois
Sa langue dans sa bouche pour ne pas dire n'importe quoi

Je tourne, tourne ma langue dans ma bouche
Je tourne, tourne, tourne encore
Je tourne encore pour cette fois
Je tourne ma langue dans ma bouche
Au moins sept fois
Je tourne, tourne ma langue dans ma bouche
Je tourne, tourne, tourne encore
Je tournerai au moins sept fois
Je tournerai ma langue dans sa bouche
La prochaine fois

Son cœur palpite, palpite, j'entends battre l'amour
Ce n'est pas pour ma pomme, je dois passer mon tour
Je ronge mon frein, pressé d'avoir entre mes doigts
Ses deux boutons d'or érigés par le froid
En attendant, elle sourit des blagues de son gars
Mais son regard goguenard quand elle le pose sur moi
Me donne l'impression qu'elle se joue comme toujours
De me voir m'acharner à lui faire la cour

On me l'a déjà dit cent fois, qu'il faut tourner au moins sept fois
Sa langue dans sa bouche pour ne pas dire n'importe quoi

Je tourne, tourne ma langue dans ma bouche
Je tourne, tourne, tourne encore

Oh, ma langue dans sa bouche
De la pelle à la louche
J'en rêve d'en faire le tour
Au moins sept fois par jour

Dans sa bouche ma langue
Tourne, tourne, dévouée
Fait le tour de sa langue
Sept fois avant d'avouer
Que je désire l'aimer

Un peu de nous, un bref instant

Une larme de ton cœur
Une pointe de l'âme
Un gramme de rancœur
Un zeste de mélodrame

Une trace de toi
Une lueur d'espoir
Une miette de moi
Un carat pour l'histoire

Une once de ton sourire
Un filet de ta voix
Un soupçon de désir
Une note avec toi

Une goutte de joie
Un p'tit grain de folie
Une dose d'émoi
Un brin d'humour aussi

Et puis un peu d'amour
Juste un doigt sans détour
Pour te dire mon amour
Que je t'aime sans retour

JE L'AIME SI FORT

Des coquelicots en dentelle
Autour de son cou ritournellent
Lui chantent l'amour de printemps
À pas de velours dans le vent

Les fleurs s'égrainent, s'aiment puis sèment
Une course folle, tout un poème
Attendant la rosée du jour
Les fleurs poussent, poussent d'amour
Comme poussent les vers de ce poème

Je l'aime si fort, si fort, si fort
Que je manquerais d'arbres pour
Me faire autant de feuilles pour
Écrire tous mes maux d'amour

Si fort, si fort, qu'il n'y aurait
Pas vraiment assez de feuilles pour
Que j'en ramasse à la pelle pour
En oublier mes larmes d'amour

J'ai tant arrosé de belles plantes
Pas des feuilles mortes, que des vivantes
J'ai tant cueilli de jolies fleurs
Qu'elles ne me portent plus dans leur cœur

Les fleurs du mâle, ne sont pas mal
En belle-de-nuit, la nuit du bal
En belle-de-jour, s'apprêtent toujours
Les fleurs du mâle, rêvent d'amour
De tomber l'idylle idéale

TON AMOUR

Tu es mon graal
Mon cinquième élément
Pour moi l'animal
Tu es la flèche de Cupidon
Qui m'a traversé le cœur
Ma source d'inspiration
Il ne manquait que toi
Pour que rayonne ta vie
En moi

Je t'ai aimée tant d'heures, tant de jours
Tendrement mon amour
Alors love me tender forever
Je signe...
Ton amour

Tu es mon fil d'Ariane
Tu es mon âme sœur
Jolie comme Marianne
Tu es ma porte des étoiles
Viens dans mon arche
Je mets les voiles
Il ne manquait que toi
Pour que rayonne ma vie
En toi

Je t'ai aimée tant d'heures, tant de jours
Tendrement mon amour
Alors love me tender forever
Je signe…
Ton amour

Tu es la pomme à croquer
Mon syndrome de Stockholm
Car sur toi j'ai craqué
Tu es mon élixir d'essences
Mon grain de folie
Ma fontaine de jouvence
Il ne manquait que toi
Pour que rayonne la vie
En moi

Je t'ai aimée tant d'heures, tant de jours
Tendrement mon amour
Alors love me tender forever
Je signe…
Pour toujours

Cap sud amour

ELLE A

Elle a
Une pincée de sel dans son regard
Le sourire amer et le teint blafard
Sur cette plage elle aperçoit au loin
Un souvenir étrange qui lui revient

Elle a
Une trace de joie dans son cœur las
Elle en pince pour un gars de l'au-delà
Elle aimerait pouvoir ne plus l'aimer
Mais son image tenace vient la hanter

Et là, le sel et la joie se chahutent
Elle sent venir sur son dos la dispute
Les sanglots longs versent sur son histoire
Le film de sa vie passant la voir

La tendresse d'une liqueur d'abeilles
Et la douceur du repos éternel
Elle se refait les vieux films du passé
Elle voudrait bien mais ne peut l'oublier

Elle a
Ce petit air fragile de son enfance
Qui ressurgit à chaque fois qu'elle y pense
On aimerait pouvoir remplacer ses murs
Par des ponts pour franchir ses maux si durs

Mais là, le sel et la joie se chahutent
Elle en perd le nord mais poursuit sa lutte
Les choses se gâtent, le temps passe à l'orage
Coule ensuite les sanglots longs des nuages

Et là, le sel et la joie se chahutent
Le temps la persécute dans sa chute
Le film est cassé, plus d'homme à aimer
Rien qu'une image venant la hanter
Et moi, pour la rattraper dans sa chute
Chut ! Chut ! Chut !

Et là, elle a vraiment tout pour moi

CINDY

Cindy,
Dis-moi ton rêve
Où il commence
Où il s'achève
Si dans tes danses
Cindy tu penses
À faire la trêve
Ma délivrance
Passe sous ton glaive
Et j'en crève

Je ne suis pas Rimbaud
Je ne suis pas Verlaine
Je ne sais dire les mots
Non je n'ai pas leur veine
Et pour chiper ton cœur
Il me reste l'espoir
De voir une lueur
Devant mes yeux miroirs

Je ne suis pas Shakespeare
Je ne suis pas Molière
Le seul rôle à t'écrire
Est dit dans mes prières
Car pour chiper ton âme
Il me reste le jour
Alors prête-moi ta flamme
Pour y bruler d'amour

De Rimbaud à Verlaine
J'en ai connu de pires
Autant qu'il m'en souvienne
Molière ou bien Shakespeare
Parlaient si bien d'amour
Que la guerre naguère
Ne durait plus d'un jour
Alors Cindy, ma chère

Cindy,
Dis-moi ton rêve
Où il commence
Où il s'achève
Si dans tes danses
Cindy tu penses
À faire la trêve
Ma délivrance
Passe sous ton glaive
Et j'en crève

ELLE A CE JE-NE-SAIS-QUOI

Elle a un je-ne-sais-quoi
Un jeu à couper le souffle
Qui m'obsède au point je crois
De m'en ronger tous les doigts
Et les sangs, un truc de ouf

D'où ce jeu ? Ne sais pas
Douce jeune... ne sait pas
Elle a ce je-ne-sais-quoi
Qui me laisse coi

Ce je-ne-sais-quoi ma foi
Me donne bien du plaisir
Elle en abuse parfois
Ma muse m'amuse tu vois
Elle me surprend, me fait rire

D'où ce jeu ? Ne sais pas
Douce jeune... ne sait pas
Elle a ce je-ne-sais-quoi
Qui me laisse coi

Candide sans être stupide
Elle rit souvent aux éclats
Des éclats de voix torrides
Me sortant d'un rêve morbide
Réchauffant mon cœur bien las

Elle est tout pour moi ma douce
Un peu comme une marguerite
Car elle pousse, pouce par pouce
Malgré ceux qui l'éclaboussent
Elle prend et apprend très vite

D'où ce jeu ? Ne sais pas
Douce jeune… ne sait pas
Elle a ce je-ne-sais-quoi
Qui me laisse coi

Douce jeune… ne sait pas
Elle a ce je-ne-sais-quoi
Douce jeune… ne sait pas
Que je l'aime plus que moi

BIENVENUE

Belle venue de Vénus
Toute nue devenue
Arrivée terminus
Elle est la bienvenue

Cette parfaite inconnue
Me redonne du tonus
Une jeunesse méconnue
Ma foi, que du bonus !

Reine venue sans son roi
L'inconnue se dévoile
Quelle veine, nue sans sa soie
Belle vénusté d'étoiles

Comme étoile elle flamboie
Diabolique, nébuleuse
Brille d'éclats de voix
Une star bien mystérieuse

Quand elle explose de joie
Galaxie s'illumine
Comme une supernova
En pyrexie, domine

Ma mine blanche roussit
Sous cette forte magnitude
Elle rayonne, je souris
Je lui porte gratitude

Belle venue de Vénus
Toute nue devenue
Sur le mont de Vénus
Je suis le bienvenu

CAP SUR L'AMOUR

J'suis au courant marin d'eau douce
T'aimes te marrer mais pas l'odeur
Les embruns salés éclaboussent
T'es au parfum maintenant skipper

J'enfonce la quille, quittons la rive
Partons, partons mais bôme au cœur
Avant qu'on chavire et dérive
Dans la tempête de vague ampleur

Tu manœuvres si bien la drisse
Que la vergue montée dévoile
Sur la tête du grand mât, oh hisse
Et oh hisse et haut, la grand-voile

Je sais que tu sais naviguer
Mais j'ai peur qu'tu m'mènes en bateau
Réduis l'allure au vent salé
Barre sur Le Cap, vire au plus tôt

Cap sud amour
Cap sur l'Afrique
Cap sur l'amour
En Atlantique
Cap si t'es cap
Cap sur Le Cap

Raidis le bout' comme tu tends l'foc
À l'écout', prends garde à la vague
C'est pour toi que j'dis ça, j'm'en moque
Non je plaisante, j'te dis que j'blague

C'est d'la plaisance, faut pas t'braquer
On est tous deux dans la même barque
C'n'est pas le moment de craquer
La déferlante d'écume « ressac »

J'n'voudrais pas m'faire empanner
Virer lof pour lof, virer d'bord
Mais s'il faut quand même enfourner
J'préfère ton corps, si t'es d'accord

Je perds la boule, ça sent la moule
La brise de mer est furibonde
Elle gronde dans une onde de houle
Je coule car son bassin m'inonde

Je ne veux pas baisser mon foc
Je ne veux pas prendre la fuite
Je veux garder la ligne de coque
Au plus près serré sans qu'ça gite

Mais je m'agite tout bout-dehors
Les moustaches au vent, j'm'embrouille
Comme un solent virant de bord
Au corps à corps, j'm'en bats la nouille

J'vais à six nœuds comme c'est sinueux
Je m'insinue au fond j'ai l'choix
Mais à huit nœuds comme c'est huileux
Je glisse à nu et fonds d'émoi

Je pousse et je mousse sur le pont
Je passe de la poupe à la proue
Au fond du gouffre tout se confond
Mais au fond un trou, c'est un trou

Cap sur la moule
Cap sur la trique
Capsule à moule
Sous les tropiques
Cap si t'es cap
Cap sur Le Cap

Je ne choque pas l'écoute que coute
Car si je jette les amarres
J'en perdrais ma quille, puis écoute
À la dérive, j'perdrais la barre

Quand le tango de mon bateau
Croise le roulis sous le châssis
Déroulant l'océan sur l'eau
La houle du vent donne le tournis

Vide tes trippes si t'as la nausée
Jette un peu d'lest par-dessus bord
Pis, si c'est moi qui t'l'a causée
Étripe-moi d'bâbord à tribord

Je ne veux pas te faire de mal
Mais étripe-moi d'abord, d'accord
Puisque c'est tout à fait normal
J'suis un p'tit peu con sur les bords

« J'te sens un p'tit coup d'mou, dit-elle
Faudrait pas te laisser abattre
Viens à la proue, j'veux du charnel
Ne m'dis pas qu't'en as rien à battre »

J'aime bien nager sous ma mie
Sous sa longue vague de désir
Tel un raz d'marée, tsunami
J'sens monter en elle le plaisir

Au Cap, la montagne prophétise
Il va bientôt faire du gros temps
Car sur la table la nappe est mise
Ça sent la pluie dans peu de temps

J'n'ai pas de spi quand le grand largue
Le vent arrière, j'le sens parfois
Le spinnaker qui biaise les vagues
Je spine à cœur joie, à cœur joie

Capture moumoune
Cap sur la faune
Cap sur la foune
En micro faune
Décapsuler
Le Cap souillé

Et tout y est !

VEINARD

De B.B à Jane B.
J'en ai l'eau à la bouche
La face B de Jane B.
C'est Serge quand il la touche

C'est Jane mais sans Tarzan
Jekyll sans Mister Hyde
C'est lui qu'elle aimait tant
Gingsburg sans Gainsbarre side

C'en était un veinard
Vieille canaille de Gainsbarre
Jane riait comme jamais
Riait car elle était
Fan de ces calembours
Signés Serge Gainsbourg

Comme cette mélodie sonne
Comme résonne cette chanson
De Melody Nelson
Melody c'est le son

Allez, viens avec moi
Ballade en camion benne
Moi non plus je t'aime, moi
J'aime ton cul de sirène

Que je sois en beau gosse
Sur Harley Davidson
Ou Rolls-Royce Silver Ghost
From Melody Nelson

Oui j'avoue sans complexe
Que j'adore ta face B
Viens m'jouer une partie d'sexe
Moi non plus, j't'aime bébé

C'en était un veinard
Vieille canaille de Gainsbarre
Jane riait comme jamais
Riait car elle était
Fan de ces calembours
Signés Serge Gainsbourg

Aujourd'hui au plumard
C'est moi le plus veinard
Car dans ton puits je fourre
Je sème tout mon amour

MON RÉVOLVER

Je te rêve au lever
Je te rêve haut le vers
Car tes yeux au lever
Brillent d'un vert si clair

Tu émanes au lever
Hors de ton rêve ovaire
Là, tes yeux m'ont levé
Loin de mon rêve au vert

Et tes lèvres au lever
Acérées volent vers
L'aubépine du lever
Aspirent et veulent les vers

Puis tu viens te lover
Sur ton rêve volvaire
L'œuf du diable levé
Pénètre ta raie vulvaire

Si fort tu as crié
Que ton rêve vole over
Puis tu m'as expulsé
De mon rêve, ô lover

Mes yeux t'auront tirée
De ce pieux rêve ovaire
Les tiens m'auront tiré
De ce vieux révolver

Je serais emballé
Rencontre épistolaire
Car ma balle déballée
De mon rêve vaut le vers

Jolie peau asia

Le coup de foudre...

PARA

Para coup-de-foudre
Parafoudre
Par à-coup de soleil
Pare-soleil
Para femme
Paraffine
Para belle
Parabole
Par un coup de bol
Parachutée
Par alizés
Par amour
Parapluie
De mon cœur

MA PERLE D'ORIENT

Drapée d'un zéphyr doux comme le vent
Ornée d'un saphir venu d'occident
Ma perle saphique arrivant d'orient
Brille au zénith du soleil levant

Elle se blottit contre moi et m'enlace
Son chagrin se dissipe et m'éclabousse
D'histoires fines en gouttelettes d'O salace
Qui m'émoustillent, me titillent, et je mousse

De saphique, Sapho n'a plus rien
Que des caresses de doigts de fée
Qu'elle me prodigue, et de ses seins
Quel prodige, une déesse innée
La fée Sapho sur mon sofa
Ma perle d'orient me chauffa

Ma douce fleur d'un pays tropical
Se réfugie tendrement dans mes bras
Mes mains l'enveloppant d'une blancheur locale
Caressent de poésie sa peau asia

Cours initiatique, ma p'tite asiatique
S'abandonne à l'homme pour la première fois
Cours de pratique en pauses acrobatiques
Elle se donne en somme pour la énième fois

Là où culmine le mont Vénus conique
Je grimpe et j'explore jusqu'à l'explosion
Au point que cette éruption volcanique
Jonche la vallée de lave en fusion

La fée Sapho comme un siphon
Ma perle d'O riant se confond
La fée Sapho comme un typhon
Ma perle d'orient ainsi, fond
Fond, fond et devient bientôt
La plus nympho des hétéros

JE NE SUIS PLUS LE MÊME

Pour que même mon amour ne s'efface
Je lui ferai face, qu'elle m'aime sans peur
Que d'elle-même, elle s'agrippe et m'enlace
Quand bien même l'amour de mon cœur
Ne m'emmène, ne me jette à la casse
Qu'en bien, m'aime l'amour de mon cœur

Bien plus que l'amour n'aime
Plus que je m'aime moi-même
Je ne suis plus le même
Car je l'aime plus qu'elle m'aime

Pourvu qu'elle m'aime d'amour quoi qu'elle fasse
Pour qu'elle-même dépourvue de candeur
M'aime et sème encore devant la glace
Cette image d'Épinal d'impudeur
Quand elle s'aime et quelle suçote des glaces
Ô combien j'aime ma petite fleur

P'TITE CANAILLE

Avec ses yeux amandes
Elle a l'air d'une p'tite chatte
Quand même un peu gourmande
Pour une si p'tite asiate

C'est une plante succulente
On peut l'dire, un peu grasse
Qui pique quand elle te plante
Ses ongles dans ta carcasse

Elle m'affole frivole
Quand elle cabriole
Quand elle caracole
Sur ses petites guibolles

You can hide, p'tite canaille
You and I, me and you
Petit canaillou

C'est l'sud en bas d'chez moi
Y a « l'Piton d'la Fournaise »
Qui s'met dans tous ses états
Quand ma p'tite s'met à l'aise

« Humm ! À bouche que veux-tu…
Que je fasse de sensas ?
Ah ! Ta queue, veux-tu
Attaque l'ananas ? »

Je peux dire j'ai du bol
Qu'elle me cajole le col
Car je prends mon envol
Et là je décolle LOL

You can hide, p'tite canaille
You and I, me and you
Petit canaillou

Elle m'affole frivole
Quand elle cabriole
Quand elle caracole
Sur ses petites guibolles

Je peux dire j'ai du bol
Qu'elle me cajole le col
Car je prends mon envol
Et là je décolle LOL

Le coup de tonnerre…

QUOIQUE…

Quoi que je fasse, quoi que je dise
Tout se casse, tout se brise
Tous ces rêves que j'imagine
Toutes ces idées que je touche
S'en vont rejoindre en abyme
Des fonds sans fin que j'accouche

Quiconque j'embrasse, quiconque je bise
Tous se lassent, tous s'épuisent
Toutes ces personnes que je croise
De leurs yeux me dévisagent
S'en vont poursuivre leurs phrases
Au fond de vides messages

Quoi que je fasse, quoi que je dise
Tout s'entasse, tout s'enlise
Tous ces rêves que j'imagine
Toutes ces idées que je touche
Sans fin aucune, tombent en ruines
Parfum de fiel dans ma bouche

Quiconque j'embrasse, quiconque je bise
Tous m'écrasent, tous médisent
Toutes ces personnes que je croise
De leurs yeux me dévisagent
Sans fin, sans fond, si sournoises
Confins profonds, font ombrage

Où que je sois, où que je passe
Tout me déçoit, tout me tracasse
Tout me casse, tout me brise
Tout me lasse, tout m'épuise

Quoique peut-être... toi mon amour
Inonde mon être sur mon parcours
Quoique peut-être... toi mon amour
Tu me vois naitre sous un nouveau jour

ANGKOR

J'ai des envies d'encore
De ma chère cambodgienne
Je rêve de ses trésors
Je voudrais qu'elle soit mienne

J'ai des envies d'Angkor
De son parfum de miel
La retrouver encore
En plus simple appareil

Angkor, un peu de toi
Dans mes plus beaux souvenirs
Angkor, un peu de toi
Sans rien à en rougir
Je pourrais en mourir
Si je ne te vois pas
Alors Angkor, encore un peu de toi

Faire des fouilles d'archéo
Découvrir sous ses ruines
En tenue de spéléo
Sa splendeur qui décline

Plonger au fond du temple
Angkor Vat, encore moite
Sa chaleur me détrempe
Je sens monter le trac

Angkor, un peu d'émoi
Quand je songe à son règne
Encore pardonnez-moi
Quelques larmes me viennent

Quand je pense que là-bas
Loin, ma belle cambodgienne
Angkor sous les gravas
Je t'aime, quoi qu'il advienne

Angkor, un peu de toi
Dans mes plus beaux souvenirs
Angkor, un peu de toi
Sans rien à en rougir
Je pourrais en mourir
Si je ne te vois pas
Alors Angkor, encore un peu de toi
Mon trésor, mon trésor, mon trésor

LA MORT DE L'AMOUR

GRAINS DE SABLE ÉMOUVANTS

Au lit de grains de sable et d'algues
Enlisé en « Sables mouvants »
Je me suis noyé dans ses vagues
Tant ce poème est émouvant

Des monts et merveilles en rêvant
Les vents n'ont fait que tempêter
Mais une fois l'amère retirée
Je me suis marré dans ses vents

(Hommage à Jacques Prévert pour « Sables mouvants »)

Ô Saint-Esprit

Qui cravache mon cœur de maux ?
Qui se lâche dans mes propos ?
Qui me gâche ma « vidéale » ?
Qui me fâche contre le mal ?

Qui se meurt dans mes paroles
Trouvera d'autres paraboles
Qui « s'anamoure » de mes mots dits
Sera maudit au paradis

Ce n'est pas moi qui écris
Je ne suis que le nègre d'âmes noires
Qui se cachent dans mon esprit
Mais, qui me dicte mes idées noires ?
Qui sont donc tous ces esprits
Qui se terrent dans mon esprit ?
Faites-les taire, Ô Saint-Esprit

Ô, Saint-Esprit, t'es pas là ?
Mais si t'es pas là, t'es où ?
Pas là ? Mon pèroutai, où t'es ?
Montre-toi, on te fera rien promis
On veut juste discuter un peu
Échanger, tu vois. Tu comprends c'que j'dis ?
Moi parler français. Toi parler universel ? Ou vert poivre ?

C'est sûr que si l'on ne se comprend pas...
Ça va pas être simple la vie sur terre
Alors, à plus. Prends soin de toi.
Bisous.

Oh, Saint-Esprit, t'es là ?
Moi, sain d'esprit, je suis là
Eh oh
Oh eh
Y a d'l'écho
Coupe la reverb
Là, je n'entends plus rien !
Allo ?
Mais, allo quoi !!!

L'HOMME

Il ne faudrait surtout pas confondre
Un jeune envieux, d'un vieux en jeûne
Un jeune envieux feint la faim
Pour arriver à ses fins
Un vieux en jeûne feint la fin
Pour ne plus mourir de faim

L'homme est ainsi fait
C'est sa nature profonde
Dans toute sa splendeur
L'homme se pare de doux leurres

Un homme cultivé en vaut deux
Mais un plus intelligent
En vaut plusieurs s'il le veut
Il fera d'intelligents
Hommes instruits à l'infini
Car le temps est infini

L'homme est ainsi fait
C'est sa nature profonde
De toute sa hauteur
L'homme dévoile sa grandeur

L'homme est comme « Le Vieux Pané »
L'Vieux Pané, s'il n'est pas né,
Pourquoi donc est-il si vieux ?
Je ne comprends pas, parc' que
S'il « nait » pas né, peut-il vieillir ?!?
Faut arrêter le délire

L'homme est ainsi fait
C'est sa nature profonde
Dans toute son ampleur
L'homme est un grand farceur

UNE GOUTTE DE SOLEIL

Le soleil baigne dans les eaux salées
Au bord du monde il inonde les fées
Il plonge son aura de majesté
Au fond du gouffre une éternité
L'horizon se couche sur l'oreiller
D'une nuit glacée

Le soleil se lève, c'est déjà l'été
Sur l'immensité de l'immense cité
Les fenêtres brillent d'un éclat doré
Sur la mer tranquille où le père est né
Les fleurs s'éveillent et chantent la gaieté
Même les pensées

Le soleil réchauffe les cœurs esseulés
D'un rayon de miel sur leur vie gelée
Comme une pluie coulant aux pieds des armées
Venant les forcer à se désarmer
Les amoureux laissent tomber à leurs pieds
Tous leurs préjugés

Le soleil abandonne la cité
Un peu de repos pour les peaux cuivrées
Dès que la lune embrasse la voie lactée
Gentiment s'en retourne se coucher
Il brille en nous à l'unanimité
Vive l'humanité

Remerciements

Je remercie mon amie Anne-France Badoui pour l'aide qu'elle m'a apportée dans l'accomplissement de mon projet. Je n'y croyais pas mais elle m'a donné confiance en moi.

Je remercie Dyllan Démétrios, mon fils, pour m'avoir donné un bon coup de pied dans le derrière en publiant son recueil « Amour d'été » avant moi, et surtout pour m'avoir redonné cette envie de vivre alors que ce n'était pas toujours le cas.

Et puis comment ne pas remercier ces charmantes femmes m'ayant donné tant de plaisirs et de souvenirs à raconter.

Je vous aime.

Vous pouvez me joindre à cette adresse :
Jean-mi-aube@hormail.fr

CPSIA information can be obtained
at www.ICGtesting.com
Printed in the USA
LVHW050730150621
690250LV00014B/654

9 782322 251216